응답받는 기도

네비게이토 선교회는
국제적이며 복음적인 기독교 기관이다.
예수 그리스도께서는 자기를 따르는 자들에게
"너희는 가서 모든 족속으로 제자를 삼으라"
(마태복음 28:19)는 지상사명을 주셨다.
네비게이토 선교회는 세계 모든 국가에서
예수 그리스도의 일꾼들을 배가시켜
이 지상사명의 성취를 돕는 것을
근본 목표로 하고 있다.

네비게이토 출판사는
네비게이토 선교회의 문서 선교를 담당하고 있다.
본 출판사에서는 그리스도인의 영적 성장을 돕는
서적과 자료들을 출판하여,
그리스도인의 삶의 기초가 견고한
헌신된 제자로 성장하게 하고,
나아가 성숙한 인격과 지도력을 갖춘
일꾼이 되도록 돕고 있다.

저자: **하 진 승**
　　　한국 네비게이토 선교회 원로 회장

응답받는 기도

하 진 승

차 례

글을 시작하며 ··· 9

Ⅰ. 하나님의 놀라우신 속성(성품, 특성) ················· 17

전지하심 / 전능하심 / 편재하심 /
불변하심 / 거룩하심 / 의로우심 /
주권자이심 / 사랑이심 / 자비와 긍휼하심 /
삼위일체 되심 / 지혜의 무궁하심 /
무한하심(광대무변하심)

Ⅱ. 하나님과 나와의 친밀 관계 ···························· 37

    새로운 피조물이 됨 / 주님의 종이 됨 /

    주님의 벗(친구)이 됨 / 내 안에 계시는 주님 /

    하나님의 아들(자녀)이 됨 /

    머리 되신 그리스도와 한 몸이 되고 그 몸의 각 지체가 됨

Ⅲ. 믿음으로 기도함 ·· 65

구하라
그러면 너희에게 주실 것이요,

찾으라
그러면 찾을 것이요,

문을 두드리라
그러면 너희에게 열릴 것이니,

구하는 이마다
얻을 것이요,

찾는 이가
찾을 것이요,

두드리는 이에게
열릴 것이니라.

마태복음 7:7-8

글을 시작하며

인간에게는 많은 필요가 있습니다. 감정적인 필요, 경제적 필요, 건강의 필요, 지적인 필요, 가족의 필요, 학교나 직업에서의 여러 필요, 장래를 위한 준비의 필요, 인간관계에서의 필요… 등등 매일같이 쏟아지고 쌓이고 또 쌓입니다.

길가의 간판이나 신문이나 TV의 뉴스를 보면 생각지도 못하던 너무나 많은 필요가 있음을 보게 됩니다. 시장만 가 봐도 엄청난 물건이 쌓여 있는 것은 다 사람들의 필요 때문이 아니겠습니까? 저렇게 많은 물건이 있어도 우리의 필요에 대한 욕구가 다 해결되지 못합니다.

그래서인지 많은 그리스도인들도 하나님 자체를 찾기보다 하나님이 우리에게 주실 수 있는 것을 더 찾고 더 구하고 있는 것을 봅니다.

사람들은 그 심각하고 절박한 필요들 때문에 절망할 때도 있지만, 다른 한편으로는 오히려 이 필요들 때문에 간절히 하나님을 찾게 되고 믿게 되고 또 하나님을 더욱 깊이 알아 가게 되어 결과적으로 우리에게는 큰 축복과 도움이 되기도 합니다.

또 감사한 것은 성경에는 우리의 필요들의 해결을 위해 기도하라고 격려하시는 말씀이 많이 있다는 것입니다. 그중 몇 구절을 예로 들면 다음과 같습니다.

- ❖ 구하라 그러면 너희에게 주실 것이요, 찾으라 그러면 찾을 것이요, 문을 두드리라 그러면 너희에게 열릴 것이니, 구하는 이마다 얻을 것이요, 찾는 이가 찾을 것이요, 두드리는 이에게 열릴 것이니라. (마태복음 7:7-8)

- ❖ 너희가 내 안에 거하고 내 말이 너희 안에 거하면 '무엇

이든지' 원하는 대로 구하라. 그리하면 이루리라. (요한복음 15:7)

❖ 지금까지는 너희가 내 이름으로 아무것도 구하지 아니하였으나, 구하라 그리하면 받으리니 너희 기쁨이 충만하리라. (요한복음 16:24)

❖ 그를 향하여 우리의 가진 바 담대한 것이 이것이니 그의 뜻대로 무엇을 구하면 들으심이라. 우리가 무엇이든지 구하는 바를 들으시는 줄을 안즉 우리가 그에게 구한 그것을 얻은 줄을 또한 아느니라. (요한일서 5:14-15)

이 말씀들과 같이 우리의 기도를 응답해 주시겠다는 말씀을 믿고 감사한 마음으로 열심히 기도하여 하나님께서 주신 기도의 특권을 누리는 우리가 되어야 하겠습니다.

그런데 우리가 어느 정도 영적으로 성장한 후에는 기도의 우선순위가 '하나님의 것'보다 '하나님 자체'여야 합니다. 여전히 필요의 해결을 위해서만 하나님을 찾는다면 때로는 세속적이고 거짓된 가치가 나를 속이고 잘못된 길로 이끌어 가서 오히려 하나님을 가까이하는 삶을 잊어버릴 위험도 있다는 것을 명심해야 하겠습니다.

한 예로, 경제적 어려움으로 힘들어하는 어떤 형제님이 한 분 있었습니다. 너무 힘들어 매일 하나님께 기도했습니다. 지금의 경제적 위기에서 벗어날 수 있도록 자기를 도와주시길 간절히 기도했습니다. 이 기도를 들어주셔서 그 어려운 상황에서 놀랍게 벗어날 수 있었습니다. 감격적인 기도로 감사하면서 하나님만이 오직 자기를 진정으로 도와주시는 분이라고 외치며 간증도 했습니다.

몇 년이 지난 뒤 다시 한번 위기가 또 찾아왔습니다. 그래서 이전처럼 열심히 기도했습니다. 그러나 이번에는 조금도 상황이 나아지지 않았고, 오히려 더 어려워지고 꼬이고 힘들어졌습니다. 조금씩 의심이 들기 시작했습니다. 계속 기도를 했는데도 어려움이 더 길어지고 오히려 더 나빠지자 '하나님이 정말로 계시는 것일까? 계신다면 열심히 신앙생활을 하고 있는 나를 이렇게 오랫동안 모르는 체하시고 도외시하실 수 있을까?'라는 생각까지 드는 것이었습니다. 그러다가 결국 그는 신앙생활의 열심을 버리게 됐습니다.

하나님을 사랑하여 하나님을 찬양하고 하나님을 경배하기 위해 하나님을 간절히 찾는 것보다도 하나님이 나에게 주실 수 있는 도움, 하나님의 것들, 하나님의 공급만을 찾고 구하는 사람은 이렇게 될 수도 있음을 조심해야 합니다.

그러나 나의 필요보다 하나님 자체를 우선적으로 먼저 찾으면 어떻게 될까요? 어떤 상황에서도 즉 좋은 상황이든 나쁜 상황이든 상관없이 내 필요보다 하나님을 먼저 우선적으로 찾으면 하나님께서 그를 기뻐하시고 하나님의 함께하심 뿐만 아니라 하나님께 속한 것까지 받게 됩니다.

따라서 하나님의 도움만을 찾는 사람이 아니라, 어떤 상황에 처해 있든지 하나님 그분 자체를 우선적으로 찾고 하나님께 친밀하게 다가가야 하겠습니다. 이런 그리스도인이 진정으로 순수하게 하나님을 사랑하는 사람이며 하나님의 기뻐하심을 받게 되는 사람입니다.

하나님을 경배하고 하나님의 놀라우신 속성들과 높으신 영광을 찬양하고 그 크신 은공을 감사하며 하나님과의 친밀한 관계 가운데 하나님과의 교제를 우선하는 우리의 기도가 되어야 하겠습니다.

　내가 운동 삼아 거의 매일 걸으러 나가는 우리 집 근처의 공원에는 벤치가 여러 개 설치되어 있는 곳이 있습니다. 그곳에는 언제나 큰 무리의 비둘기 떼가 여기저기 흩어져서 땅속에 있는 무엇인가를 열심히 부리로 쪼아 먹고 있는 것을 보게 됩니다. 내가 가까이 접근해도 전혀 개의치 않고 먹이에만 집중하고 있었습니다.

　그런데 어느 날인가 한번은 그곳의 벤치에 앉아 호주머니에 있는 간식거리 비닐 봉투를 꺼내니 흩어져 있던 많은 비둘기들이 갑자기 내 발밑에까지 와서 내 주위를 맴도는 것입니다. 비둘기에게 먹이를 주지 말라는 공고가 생각나 봉투를 다시 호주머니에 집어넣고 일어서니 비둘기들이 재빠르게 흩어져서 원래 하던 동작으로 되돌아가는 것이었습니다.

　이를 보고 기도의 삶에 대해 반성하는 교훈을 얻게 되었습니다. 그 비둘기들은 내 손에 들고 있는 먹잇감에만 관심이 있어 내게 가까이 접근했지 나에 대한 관심 때문에 내게 가까이 온 것이 아니었습니다.

우리의 기도도 하나님의 손에 있는 것만을 구하고 찾고 있지 하나님 자체에 관심을 집중하는 기도가 아닐 때가 더 많으면 기도의 우선순위가 잘못된 것이라 생각됩니다.

어린아이들을 보면 하나님을 어떻게 찾아야 하는지 배울 수 있습니다. 아이들은 무엇인가 얻기 위해서만 엄마 아빠를 찾지 않습니다. 무엇인가를 재미있게 하다가도 주위를 살피며 엄마 아빠라는 존재를 자주 확인하고 있습니다. 언제든지 또 매 순간 부모님께 대한 시선을 놓치지 않고 있는 것입니다.

우리도 하나님을 이렇게 찾아야 합니다. 하나님의 '것'이 아니라, 하나님 '자체'입니다.

"나를 사랑하는 자들이 나의 사랑을 입으며 나를 간절히 찾는 자가 나를 만날 것이니라"(잠언 8:17)라고 하신 말씀처럼, 하나님의 것이 아니라 하나님 자체를 사랑하고 하나님 그분 자체를 간절히 찾는 자가 되어야 하나님의 사랑을 입게 되고 놀랍고 크신 하나님을 경험하게 됩니다.

I
하나님의 놀라우신 속성(성품, 특성)

그러면 여기서 왜, 무엇 때문에 하나님을 그렇게도 간절히 찾고 구하고 사모해야 하는지, 과연 하나님은 어떤 '속성' 또는 '특성'들이 있으시기에 우리가 앙망하고 사모해야 하는지를 말씀을 찾아 묵상해 보시겠습니다.

우리를 모든 죄에서 구원해 주시고, 영생을 얻게 해 주시고, 이 땅에서 사는 동안 필요에 맞게 축복 가운데 인도해 주시고, 복음의 일꾼으로 살게 해 주시고, 부활의 약속과 하늘나라의 소망을 주신 것만으로도 하나님을 앙모하고 사모하여 찬양과 감사의 경배를 드리기에 합당하신, 풍성한 은혜 위에 은혜가 넘치시는 하나님이십니다.

그런데 말씀을 통해 하나님을 더 깊이 알아 가면 알아 갈수록 더욱 넘치는 감격과 기쁨과 감사로 하나님을 찬양하며 뜨거운 마음으로 하나님께 경배를 드리지 않을 수 없는 것을 깨닫게 됩니다.

하나님의 놀라우신 속성(성품, 특성)들을 잠시 찾아보도록 하겠습니다.

전지하심(Omniscient)

❖ 너희는 눈을 높이 들어 누가 이 모든 것을 창조하였나 보라. 주께서는 수효대로 만상을 이끌어 내시고 각각 그 이름을 부르시나니 그의 권세가 크고 그의 능력이 강하므로 하나도 빠짐이 없느니라. (이사야 40:26)

❖ 구름의 평평하게 뜬 것과 '지혜가 온전하신 자의 기묘한 일'을 네가 아느냐? (욥기 37:16)

❖ 우리 마음이 혹 우리를 책망할 일이 있거든 하물며 우

리 마음보다 크시고 모든 것을 아시는 하나님일까 보냐? (요한일서 3:20)

- ❖ 우리 주는 광대하시며 능력이 많으시며 그 지혜가 무궁하시도다. (시편 147:5)

- ❖ 지으신 것이 하나라도 그 앞에 나타나지 않음이 없고 오직 만물이 우리를 상관하시는 자의 눈앞에 벌거벗은 것 같이 드러나느니라. (히브리서 4:13)

전능하심(Omnipotent)

- ❖ 주께서는 무소불능하시오며 무슨 경영이든지 못 이루실 것이 없는 줄 아오니. (욥기 42:2)

- ❖ 여호와께 능치 못한 일이 있겠느냐? 기한이 이를 때에 내가 네게로 돌아오리니 사라에게 아들이 있으리라. (창세기 18:14)

하나님의 놀라우신 속성(성품, 특성)

편재하심(Omnipresent)

❖ 여호와의 눈은 어디서든지 악인과 선인을 감찰하시느니라. (잠언 15:3)

❖ 나 여호와가 말하노라. 사람이 내게 보이지 아니하려고 누가 자기를 은밀한 곳에 숨길 수 있겠느냐? 나 여호와가 말하노라. 나는 천지에 충만하지 아니하냐? (예레미야 23:24)

❖ 내가 주의 신을 떠나 어디로 가며 주의 앞에서 어디로 피하리이까? 내가 하늘에 올라갈지라도 거기 계시며, 음부에 내 자리를 펼지라도 거기 계시니이다. 내가 새벽 날개를 치며 바다 끝에 가서 거할지라도 곧 거기서도 주의 손이 나를 인도하시며 주의 오른손이 나를 붙드시리이다. 내가 혹시 말하기를 흑암이 정녕 나를 덮고 나를 두른 빛은 밤이 되리라 할지라도 주에게서는 흑암이 숨기지 못하며 밤이 낮과 같이 비춰나니 주에게는 흑암과 빛이 일반이니이다. (시편 139:7-12)

불변하심(Immutable)

❖ 산이 생기기 전, 땅과 세계도 주께서 조성하시기 전 곧 영원부터 영원까지 주는 하나님이시니이다. (시편 90:2)

❖ 나 여호와는 변역지 아니하나니, 그러므로 야곱의 자손들아, 너희가 소멸되지 아니하느니라. (말라기 3:6)

거룩[신성]하심(Holy)

❖ 너희는 여호와 우리 하나님을 높이고 그 성산에서 경배할지어다. 대저 여호와 우리 하나님은 거룩하시도다. (시편 99:9)

❖ 기록하였으되 "내가 거룩하니 너희도 거룩할지어다" 하셨느니라. (베드로전서 1:16)

❖ 이스라엘의 찬송 중에 거하시는 주여, 주는 거룩하시니이다. (시편 22:3)

❖ 지존무상하며 영원히 거하며 거룩하다 이름하는 자가 이같이 말씀하시되, "내가 높고 거룩한 곳에 거하며 또한 통회하고 마음이 겸손한 자와 함께 거하나니, 이는 겸손한 자의 영을 소성케 하며 통회하는 자의 마음을 소성케 하려 함이라." (이사야 57:15)

의로우심(Righteous)

❖ 여호와는 은혜로우시며 '의로우시며' 우리 하나님은 자비하시도다. (시편 116:5)

❖ 이스라엘 하나님 여호와여, 주는 '의롭도소이다'. 우리가 남아 피한 것이 오늘날과 같사옵거늘 도리어 주께 범죄하였사오니 이로 인하여 주 앞에 한 사람도 감히 서지 못하겠나이다. (에스라 9:15)

❖ 바로가 사람을 보내어 모세와 아론을 불러 그들에게 이르되, "이번은 내가 범죄하였노라. '여호와는 의로우시고' 나와 나의 백성은 악하도다." (출애굽기 9:27)

❖ 여호와께서는 '의로우사' 악인의 줄을 끊으셨도다. (시편 129:4)

❖ 여호와께서는 그 모든 행위에 '의로우시며' 그 모든 행사에 은혜로우시도다. (시편 145:17)

❖ 만일 우리가 우리 죄를 자백하면 저는 미쁘시고 '의로우사' 우리 죄를 사하시며 모든 불의에서 우리를 깨끗케 하실 것이요. (요한일서 1:9)

주권자이심(Sovereign)

❖ 여호와여, 광대하심과 권능과 영광과 이김과 위엄이 다 주께 속하였사오니 천지에 있는 것이 다 주의 것이로소이다. 여호와여, 주권도 주께 속하였사오니 주는 높으사 만유의 머리심이니이다. 부와 귀가 주께로 말미암고 또 주는 만유의 주재가 되사 손에 권세와 능력이 있사오니 모든 자를 크게 하심과 강하게 하심이 주의 손에 있나이다. (역대상 29:11-12)

❖ 해 돋는 데서부터 해 지는 데까지 여호와의 이름이 찬양을 받으시리로다. 여호와는 모든 나라 위에 높으시며 그 영광은 하늘 위에 높으시도다. 여호와 우리 하나님과 같은 자 누구리요? 높은 위에 앉으셨으나. (시편 113:3-5)

❖ 대저 궁창에서 능히 여호와와 비교할 자 누구며 권능 있는 자 중에 여호와와 같은 자 누구리이까? 하나님은 거룩한 자의 회중에서 심히 엄위하시오며 둘러 있는 모든 자 위에 더욱 두려워할 자시니이다. 여호와 만군의 하나님이여, 주와 같이 능한 자 누구리이까? 여호와여, 주의 성실하심이 주를 둘렀나이다. (시편 89:6-8)

❖ 내가 또 밤 이상 중에 보았는데, 인자 같은 이가 하늘 구름을 타고 와서 옛적부터 항상 계신 자에게 나아와 그 앞에 인도되매 그에게 권세와 영광과 나라를 주고 모든 백성과 나라들과 각 방언하는 자로 그를 섬기게 하였으니, 그 권세는 영원한 권세라 옮기지 아니할 것이요 그 나라는 폐하지 아니할 것이니라. (다니엘 7:13-14)

❖ 예수께서 나아와 일러 가라사대 "하늘과 땅의 모든 권

세를 내게 주셨으니." (마태복음 28:18)

❖ 만세의 왕 곧 썩지 아니하고 보이지 아니하고 홀로 하나이신 하나님께 존귀와 영광이 세세토록 있어지이다. 아멘. (디모데전서 1:17)

사랑이심(Love)

❖ 사랑하지 아니하는 자는 하나님을 알지 못하나니 이는 '하나님은 사랑'이심이라. 하나님이 우리를 사랑하시는 사랑을 우리가 알고 믿었노니 '하나님은 사랑이시라.' 사랑 안에 거하는 자는 하나님 안에 거하고 하나님도 그 안에 거하시느니라. (요한일서 4:8,16)

❖ 우리가 아직 죄인 되었을 때에 그리스도께서 우리를 위하여 죽으심으로 하나님께서 우리에게 대한 자기의 사랑을 확증하셨느니라. (로마서 5:8)

자비와 긍휼하심(Merciful)

- ❖ 긍휼에 풍성하신 하나님이 우리를 사랑하신 그 큰 사랑을 인하여. (에베소서 2:4)

- ❖ 네 하나님 여호와는 자비하신 하나님이심이라. 그가 너를 버리지 아니하시며 너를 멸하지 아니하시며 네 열조에게 맹세하신 언약을 잊지 아니하시리라. (신명기 4:31)

- ❖ 여호와는 자비로우시며 은혜로우시며 노하기를 더디 하시며 인자하심이 풍부하시도다. (시편 103:8)

삼위일체 되심(Trinity)

- ❖ 예수께서 세례를 받으시고 곧 물에서 올라오실새 하늘이 열리고 하나님의 성령이 비둘기같이 내려 자기 위에 임하심을 보시더니. (마태복음 3:16)

❖ 아버지께서 내 안에, 내가 아버지 안에 있는 것같이 저희도 다 하나가 되어 우리 안에 있게 하사 세상으로 아버지께서 나를 보내신 것을 믿게 하옵소서. 내게 주신 영광을 내가 저희에게 주었사오니 이는 우리가 하나가 된 것같이 저희도 하나가 되게 하려 함이니이다. (요한복음 17:21-22)

❖ "나와 아버지는 하나이니라" 하신대. (요한복음 10:30)

❖ 예수께서 나아와 일러 가라사대 "하늘과 땅의 모든 권세를 내게 주셨으니, 그러므로 너희는 가서 모든 족속으로 제자를 삼아 '아버지'와 '아들'과 '성령'의 이름으로 세례를 주고." (마태복음 28:18-19)

지혜의 무궁하심(Wisdom)

❖ 우리 주는 광대하시며 능력이 많으시며 그 지혜가 무궁하시도다. (시편 147:5)

❖ 너희 중에 누구든지 지혜가 부족하거든 모든 사람에게 후히 주시고 꾸짖지 아니하시는 하나님께 구하라. 그리하면 주시리라. (야고보서 1:5)

무한하심[광대무변하심](Infinitude)

❖ 산이 생기기 전, 땅과 세계도 주께서 조성하시기 전 곧 영원부터 영원까지 주는 하나님이시니이다. (시편 90:2)

❖ 예수께서 가라사대 "진실로 진실로 너희에게 이르노니 아브라함이 나기 전부터 내가 있느니라" 하시니. (요한복음 8:58)

❖ 하물며 '영원하신 성령'으로 말미암아 흠 없는 자기를 하나님께 드린 그리스도의 피가 어찌 너희 양심으로 죽은 행실에서 깨끗하게 하고 살아계신 하나님을 섬기게 못하겠느뇨? (히브리서 9:14)

❖ 만세의 왕 곧 썩지 아니하고 보이지 아니하고 홀로 하나이신 하나님께 존귀와 영광이 세세토록 있어지이다. 아멘. (디모데전서 1:17)

네! 모든 것으로도 헤아릴 수 없이 크신 하나님을 지금까지 전해 드린 몇 구절들의 말씀으로는 충분히 찬양하고 경배드리는 기도를 하기에 너무도 부족하다고 생각이 듭니다. 개인적으로 말씀을 보시며 하나님의 광대하시고 영광스러운 사실을 더 많이 찾아 기도를 통해 하나님을 찬양하며 경배드릴 수 있기를 바랍니다.

이렇게 크고 놀라우신 하나님을 생각하면 우리 삶에 따라오는 잡다한 필요들이 아무것도 아니며 오직 '하나님 자체'를 사모하여 열심히 구하고 찾는 기도의 삶에 드려질 때 가장 복되고 풍성한 삶을 살게 될 것입니다.

매일 이 놀라우신 '하나님 자체'를 믿음으로 찬양하고 경배하며 하나님의 부르심에 충성을 다하는 삶을 살면 하나님 안에 속해 있는 '하나님의 것'까지 함께 얻게 되어 참으로 복되고 풍성한 삶을 누리게 됩니다.

이 모든 하나님의 속성, 성품, 특성들은 우리에게 엄청난 축복과 힘이 되며 하나님을 잘 섬길 수 있는 넘치는 자원이 됩니다.

시편 73:23,25 말씀과 같이 늘 하나님과 함께하고 하나님만을 사모하는 믿음의 삶을 살아가시기 바랍니다.

❖ 내가 항상 주와 함께하니 주께서 내 오른손을 붙드셨나이다. (23절)

❖ 하늘에서는 주 외에 누가 내게 있으리요? 땅에서는 주밖에 나의 사모할 자 없나이다. (25절)

우리는 하나님의 놀랍고도 은혜로운 속성, 성품, 특성들에 대해 많은 것을 아는 것으로 그치지 말고 그것을 믿음으로 내 삶에 적용해야 합니다. 하나님은 우리의 믿음을 기뻐하시는 분이십니다(히브리서 11:6-12).

❖ 믿음이 없이는 기쁘시게 못하나니 하나님께 나아가는 자는 반드시 그가 계신 것과 또한 그가 자기를 찾는 자들

에게 상 주시는 이심을 믿어야 할지니라. (6절)

❖ 믿음으로 노아는 아직 보지 못하는 일에 경고하심을 받아 경외함으로 방주를 예비하여 그 집을 구원하였으니 이로 말미암아 세상을 정죄하고 믿음을 좇는 의의 후사가 되었느니라. (7절)

❖ 믿음으로 아브라함은 부르심을 받았을 때에 순종하여 장래 기업으로 받을 땅에 나갈새 갈 바를 알지 못하고 나갔으며 믿음으로 저가 외방에 있는 것같이 약속하신 땅에 우거하여 동일한 약속을 유업으로 함께 받은 이삭과 야곱으로 더불어 장막에 거하였으니 이는 하나님의 경영하시고 지으실 터가 있는 성을 바랐음이니라. (8-10절)

❖ 믿음으로 사라 자신도 나이 늙어 단산하였으나 잉태하는 힘을 얻었으니 이는 약속하신 이를 미쁘신 줄 앎이라. 이러므로 죽은 자와 방불한 한 사람으로 말미암아 하늘에 허다한 별과 또 해변의 무수한 모래와 같이 많이 생육하였느니라. (11-12절)

이렇게 크시고 엄청나신 하나님을 마음에 모시고 믿고 사는 우리가 되었으니 지금 나의 상황과 처지가 어떠하든지 로마서 12:1 말씀과 같이 나 자신을 하나님이 기뻐하시는 거룩한 산제사로 헌신하여 드리는 삶을 끝까지 믿음으로 지속해야 하겠습니다. 이것이 하나님을 기쁘시게 하는 영적 예배인 것입니다.

❖ 그러므로 형제들아, 내가 하나님의 모든 자비하심으로 너희를 권하노니 너희 몸을 하나님이 기뻐하시는 거룩한 산제사로 드리라. 이는 너희의 드릴 영적 예배니라.
(로마서 12:1)

그런데 이런 말을 하는 사람들을 주변에서 종종 만날 때가 있습니다. "하나님께서 내 기도는 들어주지 않는 것 같다"라고 하며 낙심하고 있는 그리스도인들을 보게 됩니다. 그런 사람에게 예수님께서는 낙심하지 말고 끊임없이 기도해야 하는 이유로 불의한 재판관에게 매달리는 과부에 관한 비유의 말씀을 해 주십니다.

누가복음 18:1-8을 보십시다.

❖ 항상 기도하고 낙망치 말아야 될 것을 저희에게 비유로 하여 가라사대 "어떤 도시에 하나님을 두려워 아니하고 사람을 무시하는 한 재판관이 있는데 그 도시에 한 과부가 있어 자주 그에게 가서 '내 원수에 대한 나의 원한을 풀어 주소서' 하되, 그가 얼마 동안 듣지 아니하다가 후에 속으로 생각하되 '내가 하나님을 두려워 아니하고 사람을 무시하나 이 과부가 나를 번거롭게 하니 내가 그 원한을 풀어 주리라. 그렇지 않으면 늘 와서 나를 괴롭게 하리라' 하였느니라." 주께서 또 가라사대 "불의한 재판관의 말한 것을 들으라. 하물며 하나님께서 그 밤낮 부르짖는 택하신 자들의 원한을 풀어 주지 아니하시겠느냐? 저희에게 오래 참으시겠느냐? 내가 너희에게 이르노니 속히 그 원한을 풀어 주시리라. 그러나 인자가 올 때에 세상에서 '믿음을 보겠느냐?'" 하시니라.

네! 이 말씀의 예를 보면 기도 응답의 문제는 결코 하나님께 있는 것이 아니라 나에게 있습니다. 나의 믿음에 문제가 있는 것입니다. 그래서 우리는 어떤 상황일지라도 기도하는 삶에서 벗어나서는 안 됩니다.

또한 꼭 기억해야 할 것은 기도의 우선적인 목적은 그 응답에 있는 것이 아니라 하나님과의 친밀 관계 가운데 하나님께 마음을 나누는 데 있다는 사실입니다.

하나님과 인간의 대화라고 하는 이 기도를 하지 않게 되면 하나님의 창조의 질서를 깨뜨리는 커다란 실수를 범하는 것이 되는 것입니다.

- ❖ 하나님이 그들에게 복을 주시며 '그들에게 이르시되'… (창세기 1:28)

- ❖ 여호와 하나님이 '그 사람에게 명하여 가라사대'… (창세기 2:16)

- ❖ 여호와 하나님이 '아담을 부르시며 그에게 이르시되' '네가 어디 있느냐?' (창세기 3:9)

하나님께서는 이렇게 인간과의 친밀한 대화를 원하시는 사랑의 하나님이십니다. 이러하신 하나님이심을 믿고 열심히 하나님께 기도로 마음을 열면 우리와 친밀한 관계를 원하시는 하나님께서는 우리의 기도를 기뻐하십니다.

 그래서 여기서 하나님과의 친밀 관계에 대해 묵상을 좀 더 해 보겠습니다.

II
하나님과 나와의 친밀 관계

나는 젊었을 때 목각을 즐겼습니다. 내가 만든 작품들은 하나도 버리지 않고 우리 집 이곳저곳에 걸어 놓고 남들이 어떻게 보든지 상관없이 나는 그것들을 자주 보면서 귀하게 여기고 먼지를 털어 내며 보호하고 사랑합니다. 내가 만들었기 때문입니다.

그런데 우리는 하나님의 피조물 중 가장 귀한 피조물로 창조되었습니다. 그러므로 하나님께서도 우리를 얼마나 귀하게 여기시겠습니까! 창세기 1:26-31을 보면 모든 창조의 정점에서 인간을 창조하셨기 때문에 우리는 가장 특별한 피조물이 된 것이고 다른 피조물들을 다스리는 특권까지 얻게 되었음을 알 수 있습니다.

❖ 하나님이 가라사대 "'우리의 형상을 따라 우리의 모양대로' 우리가 사람을 만들고 그로 바다의 고기와 공중의 새와 육축과 온 땅과 땅에 기는 '모든 것을 다스리게 하자'" 하시고, 하나님이 '자기 형상' 곧 '하나님의 형상대로 사람을 창조'하시되 남자와 여자를 창조하시고 하나님이 그들에게 복을 주시며 그들에게 이르시되 "생육하고 번성하여 땅에 충만하라. 땅을 정복하라. 바다의 고기와 공중의 새와 땅에 움직이는 '모든 생물을 다스리라'" 하시니라. 하나님이 가라사대 "내가 온 지면의 씨 맺는 모든 채소와 씨 가진 열매 맺는 모든 나무를 '너희에게 주노니' 너희 식물이 되리라. 또 땅의 모든 짐승과 공중의 모든 새와 생명이 있어 땅에 기는 모든 것에게는 내가 모든 푸른 풀을 '식물로 주노라'" 하시니 그대로 되니라. 하나님이 그 지으신 모든 것을 보시니 '보시기에 심히 좋았더라.' 저녁이 되며 아침이 되니 이는 여섯째 날이니라. (창세기 1:26-31)

네! 하나님께서도 최상의 수준으로 친히 만드신 모든 피조물을 보시며 하나님의 엄청나게 높으신 수준에서도 "보시기에 '심히' 좋았더라"라고 하실 만큼 자신의 작품에 대해 굉장히 만족하시며 사랑하고 귀하게 여기셨습니다.

그런데 과거의 인간은 흙으로 만드셨지만(창세기 2:7), 예수 그리스도를 믿는 우리는 흙으로 만든 과거의 인간이 아니라 하나님의 '새로운 피조물'이 된 것입니다. 이 '새로운 피조물'을 만드시기 위해 하나님께서 행하신 모든 과정의 자초지종을 보면 하나님께서는 이 '새로운 피조물'을 '보시기에 심히 좋아하실' 수밖에 없는 것이 분명합니다.

1. 새로운 피조물이 됨

- ❖ 그런즉 누구든지 그리스도 안에 있으면 '새로운 피조물'이라. 이전 것은 지나갔으니 보라 새것이 되었도다. (고린도후서 5:17)

이렇게 '새로운 피조물'을 만들기 위해서 하나님께서 당하신 일은 너무나 엄청난 일이었습니다. 독생자 예수님을 십자가에서 피 흘려 죽게까지 하시는 값을 치르시고 우리를 '새로운 피조물'이 되게 하셨으니, 이렇게 하여 '새로운 피조물'이 된 우리가 하나님께는 더더욱 매우 엄청나게 굉장히 귀하게 여기시는 피조물이 된 것입니다.

너무나 엄청난 일이라 우리는 오히려 그 감정을 올바른 수준으로 느끼지 못하고 있지만, 내가 만든 어떤 별것 아닌 목각 작품도 귀하게 여기고 있는 경우와 연관하여 생각해 보면, 십자가의 엄청난 고통과 죽음을 겪으심으로 이루어진 작품인 이 '새로운 피조물'이 하나님께는 얼마나 귀한 존재가 될까 어느 정도 이해가 됩니다. 또 그 결과로 하나님을 찬양하고 경배하고 헌신하여 충성스럽게 평생을 살아가는 것이 우리에게는 너무나 당연한 것이라 인정하게 됩니다.

그런데 현실적으로 그렇게 살지 못하는 사람들이 많은 것은 무슨 이유가 있는 것일까요?

얼마 전 병원에서 치료 시간이 오래 걸려 중간에 병원 식당에서 점심을 사 먹는데 옆 테이블의 음식을 보니 내가 주문한 메뉴보다 더 좋게 보이는 것이었습니다. 우리말에 사촌이 땅을 사면 배가 아프다는 말이 있습니다. 남과 늘 경쟁하고 비교하며 살아가는 사람들에게 이 말은 딱 맞는 말 같습니다.

상대적 박탈감을 느끼지 않으면서 갈등 없는 자기만의 행복한 삶을 살려면 어떻게 하면 될까요? 경쟁심만 생기게 하는 남들의 삶을 살펴볼 필요가 없다고 하지만 그렇게 되지가 않습니다. 나는 나만의 삶을 살면 된다고 하지만 그렇게 하기가 쉽지 않습니다.

행복하려면 남들처럼 살아 보려고 열심히 따라가는 것이 아니라 당당하게 나는 나의 삶을 살아가면 된다는 말에 100% 동의하면서도 막상 그렇게 해 보려 해도 쉽지가 않습니다. 남들은 지금 어떻게 하고 있나 자꾸 살펴보려고 합니다.

그러면 어찌하면 될까요? 중요한 것은 내 생의 가치관과 목표가 예수님 안에서 바뀌는 것입니다. '새로운 피조물'이 됨과 동시에 가치관과 목표가 달라지면 세상 사람들의 시야에서는 가장 비참하고 불행하게 보이는 삶같이 보일지라도 자기에게는 가장 자랑스럽고 영광되고 또한 복된 삶이 되는 것입니다. 바울의 삶이 그렇지 않습니까!

2. 주님의 종이 됨

바울은 하나님과 자신과의 관계가 '주인과 종의 관계'만 되어도 황공한 일이라는 확신을 가지고 살았습니다. "이와 같이 너희도 명령받은 것을 다 행한 후에 이르기를 우리는 '무익한 종'이라 우리의 하여야 할 일을 한 것뿐이라 할지니라"라고 하신 누가복음 17:10의 말씀대로 산 사람이 곧 바울이었습니다.

그래서 바울의 삶을 좀 살펴보고자 합니다. 로마서 1:1에서 바울은 주님이신 예수님과의 관계에서 자신을 '종'이라고 했습니다. 이 말씀대로 바울이 주님의 '종'으로 산 확실한 증거를 우선 고린도후서 11:23-31에서 찾아볼 수 있습니다.

❖ 저희가 그리스도의 일꾼이냐 정신없는 말을 하거니와 나도 더욱 그러하도다. 내가 수고를 넘치도록 하고 옥에

갇히기도 더 많이 하고 매도 수없이 맞고 여러 번 죽을 뻔하였으니, 유대인들에게 사십에 하나 감한 매를 다섯 번 맞았으며, 세 번 태장으로 맞고, 한 번 돌로 맞고, 세 번 파선하는데 일주야를 깊음에서 지냈으며, 여러 번 여행에 강의 위험과 강도의 위험과 동족의 위험과 이방인의 위험과 시내의 위험과 광야의 위험과 바다의 위험과 거짓 형제 중의 위험을 당하고, 또 수고하며 애쓰고 여러 번 자지 못하고 주리며 목마르고 여러 번 굶고 춥고 헐벗었노라. 이 외의 일은 고사하고 오히려 날마다 내 속에 눌리는 일이 있으니 곧 모든 교회를 위하여 염려하는 것이라. 누가 약하면 내가 약하지 아니하며 누가 실족하게 되면 내가 애타하지 않더냐? 내가 부득불 자랑할진대 나의 약한 것을 자랑하리라. 주 예수의 아버지 영원히 찬송할 하나님이 나의 거짓말 아니하는 줄을 아시느니라. (고린도후서 11:23-31)

이렇게 온전히 충성된 '종'으로 살았던 바울이었습니다. 또 다른 성경 구절에서도 더 찾아볼 수 있습니다.

❖ 내가 선한 싸움을 싸우고 나의 달려갈 길을 마치고 믿음

을 지켰으니, 이제 후로는 나를 위하여 의의 면류관이 예비되었으므로 주 곧 의로우신 재판장이 그날에 내게 주실 것이니, 내게만 아니라 주의 나타나심을 사모하는 모든 자에게니라. (디모데후서 4:7-8)

❖ 나의 달려갈 길과 주 예수께 받은 사명 곧 하나님의 은혜의 복음 증거하는 일을 마치려 함에는 나의 생명을 조금도 귀한 것으로 여기지 아니하노라. (사도행전 20:24)

❖ 나의 간절한 기대와 소망을 따라 아무 일에든지 부끄럽지 아니하고 오직 전과 같이 이제도 온전히 담대하여 살든지 죽든지 내 몸에서 그리스도가 존귀히 되게 하려 하나니. (빌립보서 1:20)

이 말씀 구절들에서 보는 바와 같이 바울은 오직 그리스도를 존귀히 여기고 복음을 위해 끝까지 그리스도의 '종'으로서 달려갈 길을 달려갔습니다. 하나님의 종으로 또한 복음의 일꾼으로 놀랍게 살며 달려갈 길을 성공적으로 마친 바울은 무엇보다 주님과의 개인 관계가 어떤 것인지에 대한 믿음이 확실했던 것입니다. 이 확신이 그의 삶을 성공적으로 살도록 해 주었습니다.

로마서 1:1뿐만 아니라 골로새서 1:7에서도 자신과 에바브라도 '종'이라고 말씀하고 있습니다.

- ❖ 이와 같이 '우리와 함께 종' 된 사랑하는 에바브라에게 너희가 배웠나니 그는 너희를 위하여 그리스도의 신실한 일꾼이요. (골로새서 1:7)

우리가 지금 바울처럼 살지는 못해도 '종'으로서의 하나님과의 관계를 잘 알고 의미 있고 복된 삶을 살려면 어떻게 해야 될까 생각해 보십시다.

스마트폰이 너무 편리합니다. 이 핸드폰 없는 긴 세월을 살아왔던 나로서는 강하게 그 느낌이 있습니다. 문명을 이용하면 편한 것은 사실입니다. 그러나 편한 것이 행복하게 해 주는 것은 아니었습니다. 때로는 문명에서 멀어져야 더 편할 수 있습니다. 스마트폰을 내려놓고 성경을 펴고 말씀으로 들어와 깊이 침잠하며 주님께서 주시는 순수한 기쁨과 행복에 집중해 보면 어떨까요?

세상 것이 아닌 주님께 집중하는 삶이 필요합니다.

❖ 너희 중에 뉘게 밭을 갈거나 양을 치거나 하는 종이 있어 밭에서 돌아오면 저더러 곧 와 앉아서 먹으라 할 자가 있느냐? 도리어 저더러 내 먹을 것을 예비하고 띠를 띠고 나의 먹고 마시는 동안에 수종들고 너는 그 후에 먹고 마시라 하지 않겠느냐? 명한 대로 하였다고 종에게 사례하겠느냐? 이와 같이 너희도 명령받은 것을 행한 후에 이르기를 "우리는 무익한 종이라. 우리의 하여야 할 일을 한 것뿐이라" 할지니라. (누가복음 17:7-10)

이 구절에서 '종'은 마땅히 주인에게 수종들어야 함을 이야기합니다. 제대로 수종들기 위해서는 주인이신 주님께 집중해야 하고 주님의 뜻을 철저하게 따라야 합니다. 10절을 다시 읽어 봅시다.

❖ 이와 같이 너희도 명령받은 것을 다 행한 후에 이르기를 "우리는 무익한 종이라. 우리의 하여야 할 일을 한 것뿐이라" 할지니라.

이 말씀에서 "저희는 무익한 종입니다. 해야 할 일을 하였을 뿐입니다"라고 말해야 한다는 것은 '종'은 주님을 섬길 때 어떤 보상이나 대가를 자기 기준으로 바라고 있어도 안 된다는 뜻입니다.

그러나 하나님은 사랑의 하나님이시기 때문에 하나님을 섬기는 '종'이 되는 것은 희생만 당하는 것이 아니라 엄청난 축복을 받게 해 주십니다.

❖ 그러므로 내 사랑하는 형제들아, 견고하며 흔들리지 말며 항상 주의 일에 더욱 힘쓰는 자들이 되라. 이는 '너희 수고가 주 안에서 헛되지 않은 줄'을 앎이니라. (고린도전서 15:58)

우리는 이 말씀을 믿고 충성된 '종'으로 살 수 있는 것입니다. 주님과의 관계에서 일꾼, 제자 등의 관계도 이 '종' 영역에 포함될 수 있다고 생각됩니다.

그런데 더욱 놀라운 것은, 우리가 '종'일뿐 아니라 그 이상의 놀라운 관계가 있다는 사실입니다. 성경 말씀에는 우리에게 주님과 종의 관계로만 살라고 하지 않고 그 이상의 관계를 말씀하고 있습니다.

3. 주님의 벗[친구]이 됨

실제로 주님께서는 우리를 '벗'이라고 말씀하셨고, 친구인 우리를 위해 자신의 생명까지도 내어 주셨습니다. "사람이 친구를 위하여 자기 목숨을 버리면 이에서 더 큰 사랑이 없나니"(요한복음 15:13).

요한복음 11:11을 보면 예수님께서는 나사로를 '친구'라고 하셨습니다.

- ❖ 이 말씀을 하신 후에 또 가라사대 "우리 '친구' 나사로가 잠들었도다. 그러나 내가 깨우러 가노라."

또 요한복음 15:15에서는 이렇게 말씀하셨습니다.

- ❖ 이제부터는 너희를 종이라 하지 아니하리니 종은 주인의

하는 것을 알지 못함이라. 너희를 '친구'라 하였노니 내가 내 '아버지께 들은 것을 다 너희에게 알게' 하였음이니라.

따라서 진정한 친구는 '마음을 다 털어놓고 나누며' '숨겨진 비밀 없이 삶을 함께하는' 관계입니다. 그러므로 나를 친구로 대해 주시는 주님께 마음을 활짝 열고 한마음과 한뜻으로 주님께 집중하며 사는 관계의 삶을 살아가야 하겠습니다.

또 누가복음 12:4에서는 우리를 '내 친구'라고 하시면서, 우리 몸이 죽은 후에도 우리를 인도하시는 하나님으로서의 능력과 권세를 가지고 계신 주님을 기억하고, 세상에서 우리를 괴롭히는 불의한 권세들을 두려워하지 말라고 격려해 주셨습니다.

또 야고보서 2:23에서는 "이에 경에 이른 바 아브라함이 하나님을 믿으니 이것을 의로 여기셨다는 말씀이 응하였고 그는 '하나님의 벗'이라 칭함을 받았나니"라고 말씀하십니다.

하나님의 벗! 참으로 엄청난 관계인 것입니다. 너무나 거룩하시고 신성하신 하나님이시라 가까이하는 것은 상상도 못하고 감히 우러러 바라보지도 못하고 멀리서 무릎 꿇고 머리 조아리며 기도드리는 그런 관계가 아니라 '하나님의 벗'이라니! 이런 말을 언급하기도 죄송하고 황송한데 그래도 주님께서는 우리를 '친구'로 여겨 주십니다. 눈물로 감격하게 되는 엄청난 은혜입니다!

4. 내 안에 계시는 주님

또 친구 관계로도 너무 너무 놀라운 은혜인데 그 정도뿐만 아니라 하나님이 내 '안'에 계신다는 사실입니다. 내 '안'에, 내 '속'에 계신다는 사실입니다! 이 놀라운 사실에 대한 감동을 어떻게 말로 표현할 수 있겠습니까!

❖ 누구든지 예수를 하나님의 아들이라 시인하면 하나님이 '저 안에 거하시고' 저도 '하나님 안에 거하느니라.' 하나님이 우리를 사랑하시는 사랑을 우리가 알고 믿었노니 하나님은 사랑이시라. 사랑 안에 거하는 자는 하나님

'안'에 거하고 하나님도 그 '안'에 거하시느니라. (요한일서 4:15-16)

너무나 엄청난 일이라 오히려 실감이 나지 않을 수도 있겠으나 이것은 분명한 사실입니다.

이뿐만이 아니라 또 한 가지 관계가 더 있습니다.

5. 하나님의 아들[자녀]이 됨

우리는 하나님의 '아들'이 되어 하나님을 '아버지'라 부르게 되었다는 사실입니다. 갈라디아서 4:6-7에 이렇게 말씀하십니다.

❖ 너희가 '아들'인고로 하나님이 그 아들의 영을 우리 마음 가운데 보내사 '아바 아버지'라 부르게 하셨느니라. 그러므로 네가 이후로는 종이 아니요 '아들'이니 아들이면 하나님으로 말미암아 '유업을 이을 자'니라.

하나님의 유업을 이을 자가 되다니!!!!

또 갈라디아서 3:29에서도 "너희가 그리스도께 속한 자면 곧 아브라함의 자손이요 약속대로 '유업을 이을 자'니라"라고 말씀하고 있습니다.

- ❖ 너희가 다 믿음으로 말미암아 그리스도 예수 안에서 '하나님의 아들'이 되었으니. (갈라디아서 3:26)

- ❖ 무릇 하나님의 영으로 인도함을 받는 그들은 곧 '하나님의 아들'이라. 너희는 다시 무서워하는 종의 영을 받지 아니하였고 양자의 영을 받았으므로 '아바 아버지'라 부르짖느니라. 성령이 친히 우리 영으로 더불어 우리가 '하나님의 자녀'인 것을 증거하시나니. (로마서 8:14-16)

- ❖ 영접하는 자 곧 그 이름을 믿는 자들에게는 '하나님의 자녀'가 되는 권세를 주셨으니. (요한복음 1:12)

지금까지의 관계들도 놀랍고 놀라운데 더욱이 또 한 가지가 더 있습니다.

6. 머리 되신 그리스도와 한 몸이 되고 그 몸의 각 지체가 됨

고린도전서 12:27을 보면 우리를 이렇게 부르시고 계십니다. "너희는 '그리스도의 몸'이요 '지체의 각 부분'이라"라고 했습니다.

또 에베소서 4:4,15,16에는 이렇게 말씀하십니다.

- ❖ 몸이 하나이요 성령이 하나이니 이와 같이 너희가 부르심의 한 소망 안에서 부르심을 입었느니라. 오직 사랑 안에서 참된 것을 하여 범사에 그에게까지 자랄지라. 그는 '머리'니 곧 그리스도라. 그에게서 온 '몸'이 각 마디를 통하여 도움을 입음으로 연락하고 상합하여 '각 지체'의 분량대로 역사하여 그 '몸'을 자라게 하며 사랑 안에서 스스로 세우느니라.

이와 같이 우리가 '머리' 되신 그리스도와 '한 몸'이 되었다는 사실입니다. 그러므로 '머리' 되신 주님께서 '몸' 된 우리를 얼마나 귀히 여기며 돌보아 주실 것인가를 생각하면 정말로 밀물처럼 밀려오는 이 감격을 도저히 표현할 수가 없습니다.

이처럼 특별한 '하나님과 나와의 친밀 관계들'을 생각하면 행복해지지 않을 수 없는 것입니다. 주님께서 이렇게 엄청난 은혜를 나에게 베풀어 주셨음을 믿고 감사 찬양하며 행복을 누릴 뿐만 아니라 남은 생을 오직 주님께 충성을 다하여 헌신하는 삶을 살아가야 하겠습니다. 아멘!!!!!

바랄 것이 또 무엇이 있겠습니까? 걱정 근심할 것이 또 무엇이겠습니까? 오직 하나님과 나와의 놀라운 친밀 관계들을 우리의 기도의 삶에서 믿음으로 주장하며 누리면서 살아갑시다!

때론 화장실에서 배변이 너무 힘들 때 기도하게 되는데 거룩하시고 신성하신 하나님께 이 더러운 화장실 문제를 가지고 기도한다는 것이 매우 경망스럽고 하나님을 무시하는 신성 모독과 같은 잘못된 행위를 하는 것처럼 감정적으로 느낄 수 있습니다. 그러나 하나님은 이런 상황에서도 우리의 인간적 예의보다 우리의 순진하고 순수한 믿음을 더 기뻐하십니다. 아기가 어려움을 당하면 때와 장소와 시간을 가리지 않고 엄마를 부르듯, 이 같은 믿음을 기뻐하시는 하나님이십니다.

또 내가 기도한 내용과 문자적으로 똑같은 응답이 아니어서 응답이 다른 것 같으나 더 놀라운 기도 응답도 있음을 알아야 합니다. 이런 찬송가 가사가 있지요!

> 나는 주님께 아름다운 꽃을 구했으나
> 주님은 가시가 돋친 선인장을 주셨네.
> 나는 주님께 나비 떼를 구했으나
> 주님은 무서운 벌레 떼 내게 주셨다네.
> 나는 이해할 수 없었네.
> 무서워 떨었네.
> 절망 속에 홀로 눈물 흘렸네.
> 어느 날 갑자기 나는 보았네.
> 그 황홀한 꽃 선인장에서,
> 무서운 벌레 나비 되어 날으네.
> 오 놀라워라. 주의 인도.

이런 기도 응답이 올 때도 많은 것입니다. 그러므로 너무 성급하게 응답의 결과를 판단하지 말아야 하겠습니다.

백만 원을 위해 기도했는데 주님은 그 응답으로 백만 원이 아니라 건강한 몸을 주셔서 일할 수 있게 해 주실 때도 있습니다. 그 결과 백만 원보다 더 풍성한 기도 응답을 받았는데도 그렇게 생각지 않고 그것은 내가 일해서 번 돈이지 기도 응답이 아니라고 생각하는 그리스도인도 있습니다.

아들을 낳게 해 달라고 간절히 기도했는데 결국은 딸만 셋을 낳게 되어 하나님을 원망하며 기도의 삶을 게을리했었는데 나이 들어 보니 딸들이 늙은 부모에게 얼마나 그 필요를 - 특히 감정적인 필요까지 - 민감하게 잘 도와주는지 아들만 있는 집보다 더 행복하여 늙어서야 하나님께 감사하고 뒤늦게 기도를 열심히 하게 된 사람도 있습니다.

짧은 기간 동안 내 입장에서의 기도 응답에 대한 이해를 고집하지 말아야 합니다. 내 인생 전체를 통해 내게 유익한 길로 인도하시는 주님이심을 믿고 쉬지 말고 기도해야 합니다.

짧고 얕은 자기 생각에 빠져 내 기도에는 응답이 없다고 판단하고 쉽게 실망하고 하나님을 원망하며 기도하지 않는 사람이 되지 않도록 늘 깨어 있어야 하겠습니다.

그리스도인들은 기도의 삶에서, 어떤 때는 몸이 너무 힘들다는 이유로 기도하지 않습니다. 지금 급한 일이 있어 바쁘다는 이유로도 기도하지 않습니다. 기도해도 내게는 응답이 없다는 이유로 기도하지 않습니다. 그 밖에 많은 이유를 들어 기도하지 않습니다. 정작 이런 이유들로 기도하지 않음이 영적으로 건강하게 살지 못하게 되는 이유가 됩니다.

어떤 상황에서도 낙심하지 말고 끝까지 믿음을 가지고 끊임없이 기도해야 합니다. 주님께 나의 마음의 짐을 있는 대로 다 털어놓으면 먼저 평안한 마음이 생깁니다. 평안을 주시는 주님이시기 때문입니다.

- ❖ "이것을 너희에게 이름은 너희로 내 안에서 평안을 누리게 하려 함이라. 세상에서는 너희가 환난을 당하나 담대하라. 내가 세상을 이기었노라" 하시니라. (요한복음 16:33)

이 말씀을 누리려면 주님과의 관계가 깊어야 하는데 그러기 위해 우선 기도에 깨어 있어야 합니다.

그러나 많은 이들이 주님과의 관계는 가까워지기를 바라고 있으면서도 기도는 소홀히 하고 있는 것을 봅니다. 나의 기도가 주님과의 친밀 관계에 초점을 맞추지 않고 그동안 응답받지 못한 것에 대한 실망으로 낙심하고 있기 때문인 경우가 많습니다.

이럴 때 예수님의 기도의 본을 묵상하고 적용하시기 바랍니다. 우리 주 예수님께서는 아버지이신 하나님과의 친밀 관계 가운데 열심히 아버지를 찾아 마음을 나누는 기도를 하셨습니다. 시간과 여유가 많으셔서 그렇게 하신 것이 결코 아니었습니다. 예수님의 일정을 보면 정말 바쁘셨습니다.

마가복음 3:20에 "집에 들어가시니 무리가 다시 모이므로 '식사할 겨를도 없는지라'" 하신 말씀처럼 매우 바쁜 일정 가운데서도 예수님께서는 개인적으로 얼마나 열심히 기도를 하셨는지를 몇 말씀 찾아보겠습니다.

❖ 예수의 소문이 더욱 퍼지매 허다한 무리가 말씀도 듣고 자기 병도 나음을 얻고자 하여 모여 오되 예수는 '물러

가사 한적한 곳에서 기도'하시니라. (누가복음 5:15-16)

❖ 새벽 오히려 미명에 예수께서 일어나 나가 '한적한 곳으로 가사 거기서 기도'하시더니. (마가복음 1:35)

❖ 이때에 예수께서 '기도하시러 산으로 가사' '밤이 맞도록 하나님께 기도하시고'. (누가복음 6:12)

❖ 저희가 겟세마네라 하는 곳에 이르매 예수께서 제자들에게 이르시되 "'나의 기도할 동안'에 너희는 여기 앉았으라" 하시고. (마가복음 14:32)

❖ 예수께서 '한 곳에서 기도하시고' 마치시매. (누가복음 11:1)

❖ 무리를 보내신 후에 '기도하러 따로 산에 올라가시다.' 저물매 거기 혼자 계시더니. (마태복음 14:23)

예수님께서는 이렇게 기도에 열심히 집중하셨습니다. 예수님의 기도의 본을 좀 더 말씀에서 살펴볼까요?

예수님께서는 세례를 받으실 때 기도하셨습니다.

- ❖ 백성이 다 세례를 받을새 예수도 '세례를 받으시고 기도하실' 때에 하늘이 열리며. (누가복음 3:21)

예수님께서는 열두 제자를 택하실 때도 산에 들어가셔서 밤이 맞도록 기도하셨습니다.

- ❖ 이때에 예수께서 '기도하시러 산으로 가사' '밤이 맞도록 하나님께 기도하시고' 밝으매 그 제자들을 부르사 그 중에서 열둘을 택하여 사도라 칭하셨으니. (누가복음 6:12-13)

또 예수님께서는 오병이어로 오천 명(남자의 수만)을 배부르게 먹게 하시고도 남은 조각이 열두 바구니나 되는 기적을 베푸신 후에도 그 분위기에 함께 머물러 즐거워하고 계신 것이 아니라 따로 기도하는 시간을 가지셨습니다.

- ❖ 먹고 다 배불렀더라. 그 남은 조각 열두 바구니를 거두니라. 예수께서 '따로 기도'하실 때에 제자들이 주와 함께

있더니 물어 가라사대 "무리가 나를 누구라고 하느냐?"
(누가복음 9:17-18)

또 예수님께서는 극심한 고통 중에 십자가에서 운명하시기 직전에도 마지막 남은 힘을 다하여 큰 소리로 기도하셨습니다.

❖ 예수께서 큰 소리로 불러 가라사대 '아버지여, 내 영혼을 아버지 손에 부탁하나이다' 하고 이 말씀을 하신 후 운명하시다. (누가복음 23:46)

이렇게 예수님은 우리에게 세상 안에 있는 동안에 하나님과 만나는 시간이 별도로 필요하다는 것을 자신의 기도의 삶을 통해 직접 모범으로 보여 주셨으니 우리도 나의 모든 삶에서 항상 기도에 집중하고 실천하는 삶을 살아야 하지 않겠습니까!

때로는 우리가 주님이 함께하심을 느끼지 못할 때, 그리고 주님의 뜻에 대한 관심보다 세속적인 필요들이 더 크게 마음을 압박하는 일이 일어날 때, 즉시 자세를 가다듬고 잠시 눈을 감고 스스로를 반성하면서 주님께 향하는 기도의 시간을 진지하게 가지는 것이 우리에게 필요합니다.

그래야 이 세상 안에 있지만, 전지전능하신 하나님과의 친밀 관계를 경험하며 큰 기쁨과 행복과 능력 있는 삶을 살 수 있게 되는 것입니다. 특히 이런 사람이 하나님께서 보내신 보혜사, 진리의 영, 성령님의 역사를 경험하게 됩니다.

우리에게는 성령님의 도우심으로 새롭게 볼 수 있는 영적 시야가 필요합니다. 과거만을 바라보면서 지금을 제대로 살지 못하는 시야가 되어서는 안 됩니다. 또 미래에 대한 걱정으로 현재를 보지 못하는 어리석음도 벗어던져야 합니다. 세상만을 바라보는 시야가 아닌, 주님을 바라보는 시야가 곧 우리가 간직해야 하는 올바른 시야입니다.

그렇게 되기 위해서는 우리는 더욱 깨어 열심히 기도해야 하겠습니다. 그 결과 올바른 영적 시야를 가지고 주님과의 친밀한 관계를 깊이 있게 지속할 때 매일의 삶이 더 기쁘고 행복하게 살 수 있게 되는 것입니다.

예수님께서 본으로 보여 주신 개인 기도의 삶을 우리도 성실히 실천하여 그 복된 결과를 누리시기 바랍니다.

Ⅲ
믿음으로 기도함

❖ … 볼지어다. 내가 세상 끝 날까지 너희와 항상 함께 있으리라.… (마태복음 28:20하)

이 말씀과 같이 우리 주님께서는 어느 특정한 기간이나 급하게 필요한 어떤 비상사태의 경우에만 짠! 하고 나타나셔서 함께해 주시는 것이 아니라 '세상 끝 날까지' 우리와 잠시도 떠나지 아니하시고 '항상 함께'하시겠다는 엄청난 약속을 해 주셨으니 우리도 함께해 주시는 주님께 감사하며 쉬지 말고 항상 계속 기도하고 또 기도하는 삶을 성실하게 지속해야 하겠습니다.

이런 기도의 특권을 약속받은 것을 깊이 묵상해 보십시오! 깜짝 놀랄 일이 아닙니까! 이 특권을 누려야 되지 않겠습니까!

네! 응답받는 기도에는 주님께 대한 신뢰하는 믿음과 주님과의 친밀한 관계를 나타내는 삶이 필요합니다.

사람들은 좋은 말을 할 때에는 큰 소리로 외치기보다 주로 속삭이듯 사랑이 느껴지는 다정한 목소리로 말하는 반면, 나쁜 말을 할 때에는 큰 소리로 고함을 치며 자극적인 용어들을 서슴없이 토해 내는 것을 봅니다. 이렇게 할수록 사람들과의 관계의 거리는 더욱더 멀어지게 됩니다.

거리감 없는 친밀한 주님과의 관계도 좋은 말을 하는 사람에게 더욱 잘 이루어집니다. 불평불만, 원망의 말만 하면서 과연 주님과 가까워질 수 있을까요?

우리의 기도에 있어서도 그 응답해 주신 많은 은혜에 대해서는 주님이시니까 당연히 하실 역할을 한 것으로 생각하고, 감사를 드리기는 하지만 그것을 위해 기도할 때의 그 간절했던 만큼의 또는 그 이상의 감격적인 감사의 마음을 주님께 드리지 않을 때도 많으면서, 응답이 없는 기도 내용에 대해서는 실망과 불평이나 원망을 주변 사람들에게 거침없이 털어놓고 있다면 과연 내가 주님을 신뢰하고 사랑하는 사람일까요?

주님께 기도한 내용과 그 결과에 대한 태도에 따라 주님과의 믿음의 관계가 어떤지 쉽게 파악이 되는 것입니다. 전혀 주님과 친밀한 관계도 아닌 또 믿음과도 거리가 먼 기도가 있습니다. 보통 때는 전혀 주님을 찾지 않고 있다가 어렵고 힘들고 급한 일이 발등에 떨어졌을 때만 주님을 급한 말로 부르면서 하는 기도가 그런 것이라 생각합니다.

또 자신이 꼭 성취하고 싶은 어떤 일이 있는데 이를 위한 기도를 들어주신다면 자기도 주님을 위해 무엇을 하겠다고 하는 마치 하나님과 어떤 조건을 걸고 타협이나 협상을 하듯 기도를 하는 사람도 있습니다.

또 다른 사람들과 비교하며 그들보다는 자기는 더 의롭고 헌신적으로 살아온 사람에 속하는 편이라면서 그러므로 당연히 내 기도는 들어주셔야 하는 것처럼 억지를 부리며 하는 기도 등은 결단코 모두 주님을 기쁘시게 하는 믿음의 기도가 아닌 것입니다.

그런데도 자비로우신 주님께서는 긍휼히 여겨 주시며 우리의 필요에 따라 이런 기도까지 응답해 주실 때도 있으십니다.

참믿음과 올바른 태도의 기도는 한 문둥병자의 기도의 예에서 찾아볼 수 있습니다.

❖ 한 문둥병자가 나아와 절하고 가로되 "주여, 원하시면 저를 깨끗케 하실 수 있나이다" 하거늘. (마태복음 8:2)

우선 예수님 앞에 다가온 것만 해도 믿음이 대단하다고 할 수 있습니다. 당시 문둥병자는 일반 사람들이 있는 곳에 갈 수 없었기 때문입니다(민수기 5:2, 레위기 13:45-46 참조). 그러므로 예수님께 가까이 다가온 것만도 그만큼 예수님을 믿었던 것입니다.

그는 예수님께 오자 먼저 절부터 하는 겸손하고 예의 바른 사람이었습니다. 이때 예수님께 구하는 그의 기도의 음성도 틀림없이 문둥병자이면서 예수님께 접근한 것이 너무 죄송하고 미안하여 매우 조심스럽고 떨리는 그러면서도 진지하고 간절한 음성으로 예수님께 부탁을 드렸을 것입니다.

그리고 그는 자기 뜻이 먼저가 아니라 주님 뜻이 먼저인 믿음을 가지고 있었습니다. "하나님은 왜 다른 사람들에게는 없는 병을 하필 저한테 걸리게 하셨는지 너무 원망스럽습니다!" 하는 불평을 통해 괴로운 속사정을 먼저 예수님께 주장하며 쏟아 놓은 것이 아니었습니다.

오히려 "주여, 원하시면"이라고 말했는데, 이러한 표현은 곧 자기 뜻보다 주님의 주권과 뜻을 더 존중히 여기는 믿음의 기도인 것을 나타내는 표현이며 또한 지극히 겸손한 태도인 것을 알 수 있습니다.

문둥병자인데 이렇게 용기를 내어 예수님 앞에 나아오고, 그리고 자기 뜻보다 주님 뜻을 먼저 생각하는 그 믿음에 예수님께서는 뒤로 몇 걸음 물러나시며 그와 멀리 떨어진 거리를 유지하시면서 말씀하신 것이 아닙니다. 3절을 보면 예수님께서는 '손을 내밀어 저에게 대시며' '내가 원하노니 깨끗함을 받으라'고 말씀하시면서 그를 깨끗하게 해 주셨습니다. 병을 고치시는 예수님의 능력도 놀라우시지만 문둥병자인데도 그의 몸에 직접 손을 대시는 다정한 사랑이 매우 감동적이지 않습니까!

이렇게 사랑과 은혜가 넘치는 주님에 대해 지금 우리의 믿음은 어떤 모습일까요? 또 이 환자의 용기 있고 그러면서도 주님의 뜻을 먼저 따라야 된다고 생각하는 그 믿음을 우리는 배우고 간직해야 하겠습니다.

요한복음 9:1-3,6,7을 읽어 보시겠습니다.

❖ 예수께서 길 가실 때에 날 때부터 소경 된 사람을 보신지라 '제자들'이 물어 가로되 "랍비여, 이 사람이 소경으로 난 것이 뉘 죄로 인함이오니이까? 자기오니이까? 그 부모오니이까?" 예수께서 대답하시되 "이 사람이나 그 부모가 죄를 범한 것이 아니라 그에게서 하나님의 하시는 일을 나타내고자 하심이니라." 이 말씀을 하시고

땅에 침을 뱉어 진흙을 이겨 그의 눈에 바르시고 이르시되 "실로암 못에 가서 씻으라" 하시니(실로암은 번역하면 보냄을 받았다는 뜻이라) 이에 가서 씻고 밝은 눈으로 왔더라"

날 때부터 소경인 사람을 길 가다가 봤을 때 제자들은 그를 불쌍히 여기는 마음보다 먼저 누구의 죄 때문에 저렇게 됐나에 더 빠른 관심이 갔습니다. 안경을 쓰는 사람의 경우 안경에 무엇이 묻기만 해도 여간 불편한 게 아닌데 이 소경은 날 때부터 소경이었으니 그 어려움과 고통이 얼마나 클까를 상상해 보십시오! 움직일 때마다 일어났던 크고 작은 사고들은 얼마나 많았을까요!

지금까지 살아오는 동안 겪어 온 별의별 괴롭고 고통스러운 경험들이 참으로 많았으리라 상상이 됩니다. 이렇게 비참하고 불쌍한 사람을 보고 누구의 죄 여부를 먼저 따져 보려는 제자들을 혹 우리는 더 닮지는 않았을까요?

그런데 예수님께서는 그의 눈을 고쳐 주시는 일을 시작하셨습니다. 먼저 흙에 침을 뱉어 진흙을 이겨 그의 눈에 바르셨습니다. 이 과정에서 깨끗한 물이 아니라 침을 뱉어 진흙을 이기려면 흙이 소량이라도 침을 여러 번 뱉으셔야 했을 것입니다. 그동안 소경은 어떻게라도 눈을 한번 뜨기 원하는 간절함과 지푸라기라도 잡아 보려는 심정 때문에 과거에도 누군가에게 여러 가지 시도를 해 보았을 텐데 그들 중에는 사기꾼도 있었을 것이고 거짓 선지자도 있어서 힘든 일을 여러 번 경험했을 것으로 추측이 됩니다. 그때 당했던 망신들이 떠올라 흙에 침을 여러 번 뱉는 예수님께 갑자기 버럭 신경질을 부리며 뿌리칠 수도 있을 텐데 예수님께서 하시는 대로 맡기는 놀라운 믿음이 있었습니다. 또 시키시는 대로 실로암에까지 진흙 바른 눈을 씻으러 가는 동안에도 '이거 또 한 번 창피한 놀림을 당하는 것 아닐까? 진짜 치료라면 더 쉽고 간단한 방법이 얼마든지 있으실 텐데' 하는 생각이 떠올라 갑자기 마음이 바뀌어 손등으로 진흙 바른 눈을 비비며 떠나 버릴 수도 있지 않겠습니까? 그러나 그는 끝까지 믿음이 있어 그대로 했더니 세상에! 또 한 번의 놀림과 조롱거리를 당한 것이 아니라 드디어 확실하게 보게 되었습니다!

예수님께서는 그 자리에서 말씀으로 단순하게 이 소경

의 눈을 뜨게 하실 수도 분명 있으십니다. 그런데 왜 복잡하고 오해받을 수도 있는 과정을 거치게 하셨을까요? 네! 그의 참믿음을 확인해 보시기 위해서였다고 생각됩니다. 결국 그 소경의 간절한 기도와 믿음으로 이런 놀라운 결과를 얻게 되었습니다.

우리도 주님께 간절히 기도했던 내용이 성취되어 가는 과정에서 때로는 이해가 잘 안 되는 상황들을 거치도록 하실 때 너무 성급하게 포기하지 말고 인내하며 기다리는 믿음이 필요합니다. 기도 응답을 받기 위해서 내 자신의 경험, 지식, 상식, 습관, 느낌, 선입견 등 모든 나의 것을 다 꺾어야 될 때가 많습니다.

나는 저녁 후 일찍 양치질을 끝냈는데, 아내가 "이거 한번 드셔 봐요. 몸에 좋아요" 하며 한 접시를 들고 오면, 다시 또 이 닦기가 싫어서 강하게 아내의 친절을 거부하여 아내의 마음을 섭섭하게 할 때가 있습니다.

누가복음 5:3 이후를 보면 예수님이 시몬의 배를 육지에서 조금 띄기를 청하시고 앉으사 무리들에게 말씀을 가르치

믿음으로 기도함

신 후, 4절에서 시몬에게 이르시되 "깊은 데로 가서 그물을 내려 고기를 잡으라" 하셨습니다.

그들은 밤새도록 고기를 잡으려고 애를 썼으나 잡지 못하여 2절을 보면 그물을 씻고 일을 끝낸 상태였습니다. 정리가 끝난 그물을 다시 가지고 나오기도 귀찮은 일이고, 더욱이 그들은 전문 어부들이기 때문에 지금 이 바다에는 고기가 없다는 확신이 있었고, 직업적인 면의 판단에서 예수님이 깊은 데로 가서 그물을 내려 고기를 잡으라고 하시는 말씀을 따를 수가 없는 일이며, 틀림없이 두 번 헛수고를 하게 될 것이 분명한데도 예수님이 그때까지 가르치신 말씀에서 믿음이 생긴 것 같습니다.

그래서 5절에서 시몬이 대답하여 "선생이여, 우리들이 밤이 맞도록 수고를 하였으되 얻은 것이 없지마는 말씀에 의지하여 내가 그물을 내리리이다" 하고 믿음으로 순종하여 그물을 내렸습니다. 그랬더니 6-7절을 보면 "그리한즉 고기를 에운 것이 심히 많아 그물이 찢어지는지라. 이에 다른 배에 있는 동무를 손짓하여 와서 도와 달라 하니 저희가 와서 두 배에 채우매 잠기게 되었더라"라는 놀라운 경험을

하게 되었습니다.

　믿음의 결과로 놀라움을 경험한 그들(야고보와 요한도 함께 있었음, 10절)에게 예수님은 10절 후반에서 시몬에게 일러 말씀하시기를, "무서워 말라. 이제 후로는 네가 사람을 취하리라" 하셨습니다.

　11절을 보면, 시몬뿐만 아니라 '그들은' 너무나 감동이 되어 망설임 없는 믿음으로 '배들'을 육지에 대고 모든 것을 버려두고 예수님을 좇았습니다. 이렇게 예수님을 좇으며 이제부터는 물고기가 아니라 사람을 낚는 어부가 되었습니다(마태복음 4:19).

　다른 일에는, 곧 전문 어부로서도 물고기 잡는 일에는, 비록 실패를 경험했어도, 믿음으로 예수님을 좇으면 사람을 낚는 어부로서는 형통하게 해 주십니다.

　"나에게 이런 온전한 믿음이 계속 있는가?" 그런데 믿음 안에서도 의심이라는 것이 스멀스멀 올라옵니다. 믿음 안에 시기와 질투라는 것도 올라오고, 너와 나를 갈라놓는 것들도 생깁니다. 그 의심은 기다리는 인내를 없게 하고, 주 예수님의 은혜를 잊어버리게도 합니다. 그래서 기도의 삶도 갈수록 약화되어 갑니다.

이런 상태를 극복하고 온전한 믿음을 갖기 위해 묵상한 말씀을 더 나누고자 합니다.

구약의 여호수아 6장에 보면, 이스라엘 백성이 여리고 성읍을 점령하기 위해서 하루에 성읍을 한 바퀴씩 6일 동안 여호수아와 제사장 일곱 명을 따라서 돌아야 했습니다. 성을 도는 동안 함성을 지르면 안 됩니다. 아무 말 한마디도 입 밖에 내지 말아야 합니다(10절). 이것을 지키기가 매우 힘들었을 것입니다.

그리고 마지막 이렛날에는 큰 함성을 지르기 위해 그동안 지친 몸을 몇 시간 동안이라도 편히 쉬게 하였다가 다시 모이게 한 것이 아니라 오히려 그날은 성읍을 일곱 번이나 돌게 했습니다. 그리고 나서 함성을 지르려면 함성에 힘이 빠질 수도 있었겠지만 그래도 일곱 번을 끝까지 돌게 하였습니다.

인간적으로 보면 그렇게 견고한 성읍이 허물어지려면 성읍을 돌 때마다 성벽에 금이 좀 가거나, 성벽의 돌 몇 개가 눈에 띄게 좀 떨어져 나가야 합니다. 그 상황을 보고 '이제 곧 성이 허물어질 모양이다'라고 생각이 되어 큰 격려와 용기가 생겨 더욱 힘차게 성을 돌게 될 것 같은데, 여호와께서는 인간적인 생각과는 다른 지시를 하셨습니다.

그런데 여섯째 날에 돌고 와도 성읍은 아직도 견고하고 튼튼해 보입니다. 아무런 변화도 없었습니다. 무너질 것 같은 어떤 작은 징조도 전혀 보이지가 않았습니다.

'이 견고하고 튼튼한 성이 도대체 어떻게 허물어진단 말인가?' '완전히 헛수고하는 것 아닐까?' 여기저기서 이해가 가지 않는다고 불평하는 말들이 쏟아져 나올 것 같은데 그들은 여호수아 6:10에 보면, 여호수아가 백성에게 명하여 말하기를 "너희 입에서 아무 말도 내지 말라"라고 한 명령 때문에 말 없이 조용하게 성을 끝까지 돌게 되었습니다. 끝까지 입을 꼭 다물고 침묵하는 가운데 일곱째 날은 일곱 번까지 여리고성을 믿음으로 돌아야 하는 시간이 필요했습니다.

즉 침묵으로 참아 내야 하는 갈등과 고독과 아픔을 겪게 하시는 일은 나의 믿음을 단련시키기 위해 주님께서는 오늘도, 내일도 우리에게 허락하실 것입니다. '일곱째 되는 날은 일곱 번을 돌면 피곤하고 지쳐서 함성을 지르기는커녕 숨쉬기도 힘들 것 같은데 하나님은 왜 지칠 대로 지친 상태에서 함성을 지르라 하실까?'라고 생각하는 사람도 있을 수 있습니다. 인간적 상식으로는 이해하기 어려울 수 있습니다. 그러나 이것이 하나님의 믿음의 훈련입니다. 그런 상황에서도 하나님께서는 우리 안에서 역사하시는 것을 믿어야 합니다.

이제 형제 자매님들이 오랜 신앙생활을 하면서 도저히 불가능하다고 여겨지는 힘들고 어려운 일이 있을 때, 여리고 성읍을 돌았던 칠 일째의 믿음으로 주 예수님을 믿고 침묵의 기도로 살아간다면, 반드시 주 예수님의 햇살 가득한 은총의 승리를 경험하게 될 것을 믿습니다.

"그저 말씀만 하시옵소서. 아멘!"이라는 믿음으로, 몸과 마음이 아픈 형제 자매님들에게 또는 사역에서 당하는, 성벽같이 막혀 있는 문제 앞에서 응답받는 믿음의 은총이 임하시기를 기도합니다.

마지막 칠 일째 믿음을 가지고 성읍을 일곱 번 끝까지 돌고, 여호와께서 여호수아를 통해 명하신 대로 성읍을 향해 함성을 지를 때 와! 끄떡도 않던 그 견고한 성이 마치 모래성처럼 무너져 내렸습니다.

이 말씀을 믿는 것이 바로 온전한 믿음이며 응답받는 믿음입니다. 아멘!

사실 하나님께서는 여리고성을 무너뜨리는 데에만 목적이 있으셨다면 이스라엘로 이런 복잡한 과정을 거치게 하실 필요가 없이 말씀 한마디로 순식간에 무너뜨릴 수 있으신 것입니다. 그런데 이렇게 여러 힘든 과정을 거치게 하신 것은 성을 무너뜨리는 것 자체보다 이스라엘로 '믿음'을 배우도록 하는 데 더 중요한 목적이 있으셨기 때문입니다. 그러므로 우리가 기도할 때도 우리로 믿음을 배우도록 하기 위해서 여러 과정을 거치게 하실 때 이해가 되지 않는다고 불평하며 쉽게 포기하지 말고 끝까지 인내함으로 더 큰 믿음을 배우는 축복을 누리시기를 바랍니다.

또 누가복음 7:2-10을 보면, 예수님께서 병들어 죽게 된

한 백부장의 종을 낫게 해 주신 이야기가 기록되어 있습니다. 오늘 이 말씀 안에서 예수님께서 죽어 가던 종 한 사람을 살리셨다는 사실도 중요하지만, 여기서 저는 예수님께서 칭찬하신 한 백부장의 온전한 믿음을 묵상해 보고 개인적으로 배우고 적용하는 것이 매우 중요하다고 생각합니다.

예수님께서는 9절에서 "내가 너희에게 이르노니 이스라엘 중에서도 이만한 믿음은 만나 보지 못하였노라"라고 말씀하셨습니다.

백부장이 보내었던 사람들이 집으로 돌아가 보매 그 종이 "아니! 세상에!" 어떤 회복 기간도 필요 없이 이미 강건해져 있었던 것입니다(10절).

예수님께서 이스라엘 중에서도 만나 볼 수 없는 최고의 믿음이라고 칭찬하신 이 백부장은 자기 밑으로 백 명의 군사를 거느린 지휘관이었습니다. 많은 사람을 거느리고 있으면 그중에 종 하나쯤이야 이렇게 될 수도 있지 하며 무시해 버린 것이 아니라 그를 어떻게라도 살려 보려고 백방으로 알아보며 애를 쓰다가 예수님을 찾게 된 것 같습니다.

물론 이 백부장은 이방인이었지만, 종 하나를 살리기 위해 유대인의 장로들 몇 사람에게 부탁하여 예수님께 도움을 간청할 만큼 그는 마음이 매우 따뜻한 사람이라고 판단이 되고 또 그가 유대 민족을 위해 회당도 지어 주었다고 하는 사실도 알려졌습니다.

그래서 예수님께서는 그들의 간청을 들으시고 곧바로 백부장의 집으로 발걸음을 향하셨습니다. 그런데 예수님께서 백부장의 집에 가까이 이르렀을 때 백부장은 벗들을 보내어 아룁니다.

❖ 주여, 수고하시지 마옵소서. 내 집에 들어오심을 나는 감당치 못하겠나이다. (6절)

❖ 내가 주께 나아가기도 감당치 못할 줄을 알았나이다 '말씀만 하사' 내 하인을 낫게 하소서. (7절)

이렇게 거룩하시고 지존하신 예수님을 자기 집으로 모시는 것도, 또 자기 같은 부족한 사람이 주님을 직접 뵙는 것도 감당치 못할 일이며, 말씀만으로도 하인을 낫게 하실 수 있

믿음으로 기도함

게 하시는 분이심을 믿사오니 '말씀만 하옵소서'라고 벗들을 통해 예수님께 전달을 했습니다.

백부장은 자신 스스로가 이방인으로서 하나님 앞에 죄인임을 인정하면서 자기 같은 사람이 예수님을 감히 함부로 대할 분이 아닌 것을 알고 있었고, 또한 예수님께서는 영적인 권위와 말씀의 능력을 지니신 분이심을 믿는 믿음을 고백하는 것이었습니다.

그러자 예수님께서는 이렇게 말씀하셨습니다.

❖ … 이스라엘 중에서도 이만한 믿음은 만나 보지 못하였노라. (9절)

다시 말하자면, "내가 너희에게 말한다. 이 이방인의 믿음을 보라. 너희에게는 이런 온전한 믿음이 있느냐?"라는 말씀입니다.

지금 이 말씀을 통해서 예수님께서는 예수님을 믿고 따르는 나 자신에게도 이방인인 백부장의 이런 온전한 믿음을 가져야 한다고 가르치시고 계십니다.

그 믿음 가운데 예수님께 부탁한 문제 곧 종을 살리려는 기도가 응답되어 완벽하게 해결된 것입니다(누가복음 7:10 참조).

응답받는 기도를 위해 이렇게 믿음이 있어야 한다면 그런 믿음을 갖기 위해서 우리는 더욱 하나님을 깊이 잘 알아 가야 하며 또한 하나님과의 친밀 관계를 지속적으로 잘 유지해야 하겠습니다.

그러기 위해 우리의 기도에서 하나님이 우리에게 응답으로 '주실 것'을 열심히 찾고 구하는 것보다 '하나님 자체'를 사모하는 마음으로 하나님을 간절히 찾고 구하는 것이 항상 우리 기도의 우선순위가 되어야 하겠습니다.

'말씀'을 통해서 하나님을 깊이 알아 가고, '기도'를 통해 하나님을 사모하는 마음으로 감사와 찬양과 경배를 드리며, '순종'을 통해 하나님을 경험하는 것이 진정으로 하나님을 찾는 삶이며 하나님과 친밀 관계로 하나님을 기쁘시게 해

드리는 삶입니다.

시편 27:4에서, "내가 여호와께 청하였던 한 가지 일 곧 그것을 구하리니 곧 나로 내 생전에 여호와의 집에 거하여 여호와의 아름다움을 앙망하며 그 전에서 사모하게 하실 것이라" 하신 말씀처럼, '하나님의 것'이 아니라 '하나님 자체'를 앙망하고 사모하기 바랍니다.

그렇게 할 때 "오직 여호와를 앙망하는 자"이기 때문에 "새 힘을 얻게 되고 독수리의 날개 치며 올라감 같을 것이요 달음박질하여도 곤비치 아니하겠고 걸어가도 피곤치 아니하리로다"라고 하신 이사야 40:31 말씀처럼 다이내믹한 삶과 풍성한 기도 응답을 누리게 될 것입니다.

오직 '여호와를 앙망하는 자'는

새 힘을 얻으리니

독수리의 날개 치며

올라감 같을 것이요

달음박질하여도

곤비치 아니하겠고

걸어가도

피곤치 아니하리로다.

이사야 40:31

저자의 다른 저서

소책자

- 전도를 즐기는 삶
  (영문판: A Life That Enjoys Evangelism)
- 열 심
  (영문판: Zeal)
- 말씀 중심의 삶
- 서로 돌아보아…
- 기도의 특권을 누리자
- 배우는 자로 살자
  (영문판: Live as a Learner)
- 청년의 시기를 어떻게 보낼 것인가
  (영문판: How to Live Out Our Youth)
- 하나님의 말씀은…
- 그리스도인의 삶의 올바른 동기
- 감격하며 살아야 할 그리스도인

- CARE(서로 보살피는 부부)
- 참 특이한 기도(PPP: Pretty Peculiar Prayers)
- 상급으로 주신 자녀
- 가정의 중요성

  (영문판: Importance of Home & Family)
- 날마다 제 십자가를 지고

  (영문판: Taking Up the Cross Daily)
- 주님의 부르심을 따라가는 삶
- 견고하게 평생 지속해야 할 일

단행본

- 이 시대의 가치 있는 삶
- 영적 재생산의 삶
- 하나님의 능력을 경험하는 삶
- 거룩하고 아름다운 동행
- 주님께서 주신 축복들

  (영문판: Counting the Lord's Abundant Blessings)
- 우리의 마음은 무엇에 지배되어야 하는가
- 그리스도 제자의 다섯 가지 기본 신념

응답받는 기도

초판 1쇄 발행 : 2025년 5월 1일

펴낸곳 : 네비게이토 출판사 ⓒ
주소 : 03784 서울시 서대문구 연희로 16 (창천동)
전화 : 334-3305(대표), 334-3037(주문), FAX : 334-3119
홈페이지 : http://navpress.co.kr
출판등록 : 제10-111호(1973년 3월 12일)
ISBN 978-89-375-0669-7 03230

본 출판사의 서면 허락 없이는 본서의 전부 또는
일부의 무단 복제, 또는 원문에 대한 무단 번역을 금합니다.